Voorwoord / F

GW00690737

Vierde druk mei 2004
ISBN 90 5877 240 3
NUR 475

Dit is een uitgave van
Forte Uitgevers BV
Postbus 1394
3500 BJ Utrecht

Voor meer informatie over de creatieve boeken van Forte Uitgevers:
www.hobby-party.com

Uitgever: Marianne Perlot
Eindredactie: Hanny Vlaar
Fotografie en digitale beeldbewerking: Fotografie Gerhard Witteveen, Apeldoorn
Vormgeving omslag en binnenwerk:
Studio Herman Bade BV, Baarn

Fourth printing May 2004
ISBN 90 5877 240 3
NUR 475

This is a publication from
Forte Publishers BV
Postbus 1394
3500 BJ Utrecht
The Netherlands

For more information about the creative books available from Forte Uitgevers:
www.hobby-party.com

Publisher: Marianne Perlot
Editor: Hanny Vlaar
Photography and digital image editing:
Fotografie Gerhard Witteveen, Apeldoorn, the Netherlands
Cover and inner design:
Studio Herman Bade BV, Baarn, the Netherlands

NL Gebruikte materialen

- ❏ Artoz kaartenkarton in diverse kleuren
- ❏ Kaleidoscoopvellen:
  - KV131 Zee
  - KV132 Lieveheersbeestjes/Hommels
  - KV133 Aardbeien/Bramen
  - KV134 Vogels/Vlinders
- ❏ Cirkelsnijder, metalen snijmal achthoek
- ❏ Hoek- en figuurrandschaar (Fiskars)
- ❏ Rand-, hoek- en figuurponsen
- ❏ Goud- en zilverkleurige randstickers
- ❏ Gelpennen
- ❏ Restje borduurgaren
- ❏ Pritt lijmstift

GB Materials

- ❏ Artoz card (various colours)
- ❏ Kaleidoscope paper:
  - KV131 Sea
  - KV132 Ladybirds/Bumblebees
  - KV133 Strawberries/Blackberries
  - KV134 Birds/Butterflies
- ❏ Circle cutter, metal octagon cutting template
- ❏ Corner scissors and figure scissors (Fiskars)
- ❏ Edge punch, corner punch and figure punch
- ❏ Gold and silver border stickers
- ❏ Gel pens
- ❏ Pieces of leftover embroidery thread
- ❏ Pritt glue stick

Vouwen met de nieuwe kaleidoscoopvellen, die Diny van de Lustgraaf heeft getekend, is voor mij een heel plezierige bezigheid.

Behalve de bekende rozetten, heb ik dit keer ook hoekjes en randjes gevouwen. Dit biedt weer nieuwe mogelijkheden, bijvoorbeeld om vouwen ook eens met 3D-knippen te combineren. Achterin het boek staan alle knipschema's.

Bij het kaleidoscoopvouwen ga ik altijd uit van de afbeelding. Met zo weinig mogelijk vouwen probeer ik dan een bepaald deel van de afbeelding naar voren te laten komen. Soms zijn dat de hoekmotieven, een andere keer is het juist de tekening in het midden of langs de rand.

Hanny

Ik wens je veel vouwplezier toe.

I found folding the new sheets of kaleidoscope paper drawn by Diny van de Lustgraaf very enjoyable.

Apart from folding the familiar rosettes, I have also folded corners and borders this time. This creates new possibilities, such as combining folding with 3D pictures. All the cutting patterns are shown at the back of the book.

When kaleidoscope folding, I always start with the picture. With as little folding as possible, I try to make a certain part of the picture stand out. Sometimes it may be the corner patterns, other times it may be the drawing in the middle or around the edge.

I wish you lots of fun with the folding.

Vouwsymbolen / Folding symbols

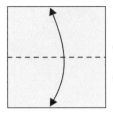

NL Lijn met twee dichte pijlen: vouwen en weer open leggen.
GB Line with two solid arrows: fold and then unfold.

NL Het vouwsel omkeren.
GB Turn the folded segments around.

NL Uittrekpijl: het vouwsel weer zo ver uit elkaar halen als de volgende tekening aangeeft.
GB Extended arrow: unfold the paper as much as indicated in the next drawing.

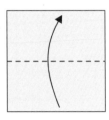 

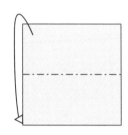 

NL Dalvouw (streepjeslijn met dichte pijl): naar voren vouwen
GB Valley fold (dotted line with solid arrow): fold upwards.

NL Bergvouw (streep-punt-streeplijn met open pijl): vouw naar achteren.
GB Mountain fold (line-dot-line line with an open arrow): fold backwards.

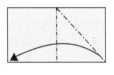

NL Spreidvouw: een dubbel-gevouwen deel van het vouwsel naar links of rechts openvouwen en daarna plat leggen.
GB Squash fold: fold open a double-folded part of the paper to the left or right and then lay it flat.

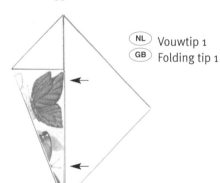

NL Vouwtip 1
GB Folding tip 1

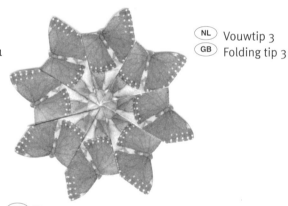

NL Vouwtip 3
GB Folding tip 3

NL Tip 1

Om mooie scherpe hoekjes te vouwen, leg je het papier tussen de twee pijlen netjes langs de middenvouw. Je krijgt dan vanzelf een mooi scherpgevouwen puntje.

Tip 2

Gebruik een lijmsoort die niet meteen vastzit, want om een rozet in elkaar te lijmen, moet soms het eerste element weer een beetje losgehaald worden om het laatste element er gedeeltelijk onder vast te zetten. Hiervoor gebruik ik altijd een Pritt lijmstift.

Tip 3

Zoals bij vouwschema 1a is aangegeven, kun je de gevouwen elementen voor een rozet het beste eerst op een klein klad-blaadje lijmen. Zonder de kaart te beschadigen kun je dan eventueel weer iets loshalen. Als de rozet af is, kun je precies bepalen waar je hem op de kaart wilt lijmen.

GB Tip 1

To make the corners nice and sharp, place the paper between the two arrows nicely along the middle fold. You will then get a nicely folded sharp point.

Tip 2

Use a glue which does not bond immediately, because when gluing a rosette together, the first segment must sometimes be loosened so that the last segment can be partially stuck underneath.
I always use a Pritt glue stick.

Tip 3

As indicated in folding pattern 1a, it is best to first glue the folded segments for a rosette to a small piece of scrap paper. If necessary, any of the segments can then be removed without damaging the card. Once the rosette is finished, you can decide exactly where you wish to place it on the card.

Vouwschema 1a / Folding pattern 1a

1. Snijd de afbeelding uit om de motieven heen: 5 x 5 cm.
2. Draai het blaadje om en maak de dalvouwen.
3. Maak daarna de diagonale dalvouwen.
4/4a. Snijd het blaadje over de horizontale en verticale lijn in vieren.
5. Leg het blaadje op deze manier neer.

6/7. Draai het blaadje om en vouw de zijstukken tegen de middenvouw.
8. Vouw acht van deze elementen.
9. Snijd of knip uit kladpapier een rondje van 2,5 cm ø.
10. Lijm de acht elementen tegen elkaar aan op het kladblaadje.

 1.

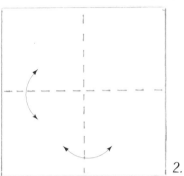 2.

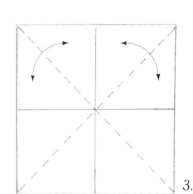 3.

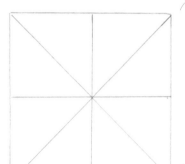 4.

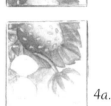 4a.

NL Dit vouwschema kan gebruikt worden voor alle afbeeldingen met mooie hoekmotieven.

GB This folding pattern can be used for all the pictures which have attractive corner patterns.

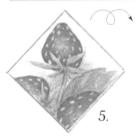 5.

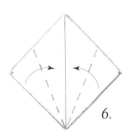 6.

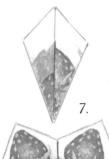 7.

 8.

 9.

 10.

GB 1. Cut the picture out around the patterns (5 x 5 cm).
2. Turn the paper over and make the valley folds.
3. Next, make the diagonal valley folds.
4/4a. Cut the paper into four along the horizontal and vertical line.
5. Lay the paper down as shown.

6/7. Turn the paper over and fold the sides against the middle fold.
8. Fold eight of these segments.
9. Cut a circle (2.5 cm ø) from a piece of scrap paper.
10. Glue the eight segments against each other on the piece of scrap paper.

Vouwschema 1b / Folding pattern 1b

Volg de stappen 1 t/m 8 van vouwschema 1a.
9. Knip rondom de bloem/het blad het papier weg.
10. Achthoek op ware grootte: neem deze over op transparant papier.
11/12. Lijm acht elementen dakpansgewijs op de achthoek (linksom of rechtsom). Til de bloem van het eerste element een

beetje op en lijm de punt van het achtste element er gedeeltelijk onder.
13. Lijm de blaadjes onder de bloemenkrans. Snijd het papier dat midden in de krans zichtbaar blijft na het lijmen voorzichtig weg. Zet het mesje daarvoor een beetje schuin onder het vouwsel.

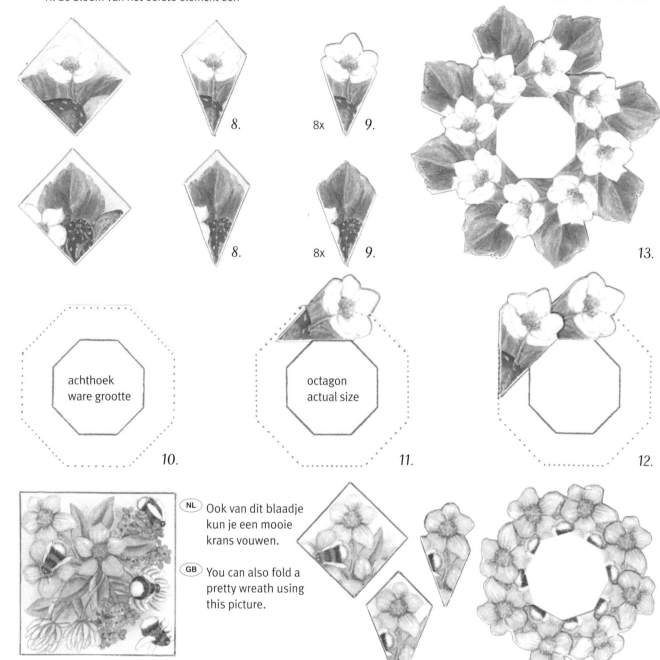

8.   8x   9.

8.   8x   9.

13.

achthoek ware grootte

octagon actual size

10.   11.   12.

Ook van dit blaadje kun je een mooie krans vouwen.

You can also fold a pretty wreath using this picture.

Follow points 1 to 8 of folding pattern 1a.
9. Cut away the paper around the flower and the leaf.
10. Actual size octagon: copy this onto transparent paper.
11/12. Glue eight segments on the octagon so that they overlap each other (on the left or right). Lift the flower of the first seg-

ment up slightly and glue the point of the eighth segment partially underneath
13. Glue the leaves under the wreath of flowers. Cut away the paper which is still visible in the middle of the wreath after the leaves have been stuck in place When doing so, hold the knife at a slight angle under the folded segments.

Vouwschema 1c / Folding pattern 1c

NL Volg de stappen 1 t/m 8 van vouwschema 1a.
  9/10. Lijm vier elementen naast elkaar op het kladblaadje.
  11. Lijm de resterende vier elementen er bovenop.

Alternatieven
A. Maak een rozet van twee verschillende motieven.
B. Lijm de elementen dakpansgewijs tegen de middenvouw van het vorige element.
C. Schuif zeven elementen om en om in elkaar.

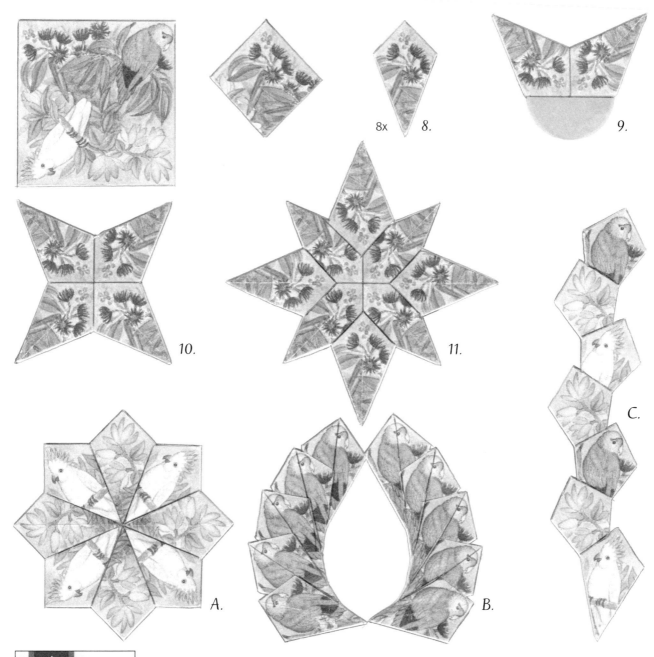

8x   8.

9.

10.

11.

C.

A.

B.

GB Follow points 1 to 8 of folding pattern 1a.
  9/10. Glue four segments next to each other on the piece of scrap paper.
  11. Glue the other four segments on top.

Alternatives
A. Make a rosette from two different patterns.
B. Glue the segments against the middle fold of the previous segment so that they overlap.
C. Slide seven segments together.

Vouwschema 2 / Folding pattern 2

NL 1. Snijd de afbeelding uit om de motieven heen: 5 x 5 cm.
2. Draai het blaadje om en maak eerst de horizontale en verticale dalvouw en daarna de diagonale dalvouwen. Snijd het blaadje daarna in vieren.
3. Leg het blaadje op deze manier neer en draai het om.

4. Maak de aangegeven dalvouw.
5/6. Vouw de zijstukken tegen de midden-vouw.
7. Vouw alle hoeken van de afbeelding op dezelfde wijze. Leg bij stap 3 het hoek-motief met de punt naar boven.
8/9. Lijm de elementen op deze manier op elkaar.

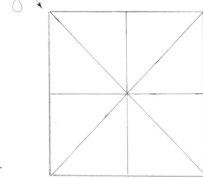
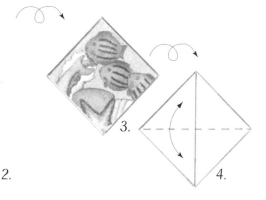

1. 2. 3. 4.

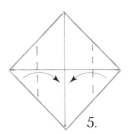

5. 6. 7. 8. 9.

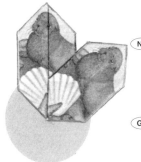

NL Je kunt ook acht elementen, elkaar tot de middenvouw overlappend, op kladpapier lij-men. Om het achtste element vast te lijmen, moet het eerste even opgetild worden.

GB You can also glue eight segments on a piece of scrap paper so that they overlap until the middle fold. The first segment must be lifted up slightly so that the eighth segment can be glued in place.

GB 1. Cut the picture out around the patterns (5 x 5 cm).
2. Turn the paper over. Make the horizon-tal and vertical valley folds and then make the diagonal valley folds. Next, cut the paper into four.
3. Lay the paper down as shown and turn it over.

4. Make the valley fold shown.
5/6. Fold the sides against the middle fold
7. Fold all the corners of the picture in th same way. For point 3, position the corner pattern so that the picture poi upwards.
8/9. Glue the segments on top of each oth as shown.

Vouwschema 3 / Folding pattern 3

Rozet 1

1. Snijd de afbeelding uit om de motieven heen: 5 x 5 cm.
2. Snijd het blaadje diagonaal door.
3. Draai het blaadje om en maak in het midden een dalvouw.
4. Maak weer een dalvouw.
5/5a. Knip het papier om de vlinder weg. Lijm acht elementen naast elkaar op een kladblaadje.

Rozet 2

Volg de stappen 2 t/m 5 van vouwschema 3.
6. Maak de dalvouw.
7/8. Haal het onderste hoekje omhoog en draai het geheel om.
9/10. Maak de dalvouwen en draai het blaadje om.
11. Vouw acht van deze elementen. Lijm de elementen op een kladblaadje en schuif hoekje a. daarbij in het andere element.

1.

2.

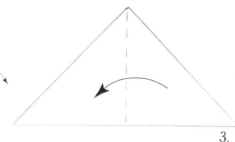

3.

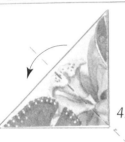

4.

5.

5a.

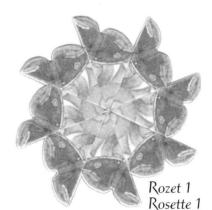

Rozet 1
Rosette 1

Ook van de andere helft van de afbeelding kun je iets moois vouwen.
You can also fold the other half of the picture into something nice.

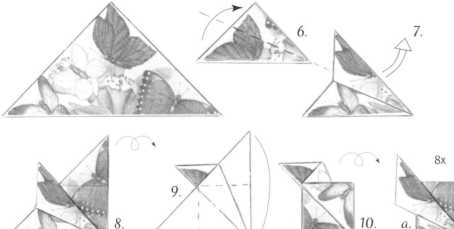

6.

7.

8.

9.

10.

a.

8x

11.

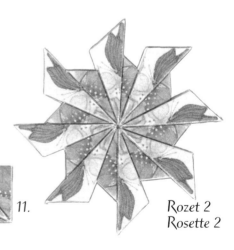

Rozet 2
Rosette 2

Rosette 1

1. Cut the picture out around the patterns (5 x 5 cm).
2. Cut the paper in half diagonally.
3. Turn the paper over and make a valley fold in the middle.
4. Make another valley fold.
5/5a. Cut away the paper around the butterfly. Glue eight segments next to each other on a piece of scrap paper.

Rosette 2

Follow points 2 to 5 of folding pattern 3.
6. Make the valley fold.
7/8. Lift up the bottom corner and turn everything over.
9/10. Make the valley folds and turn the paper over.
11. Fold eight of these segments. Glue the segments on a piece of scrap paper and slide corner a. into the other segment.

Vouwschema 4 / Folding pattern 4

NL 1. Snijd de afbeelding uit om de motieven heen: 5 x 5 cm.
2. Snijd het blaadje diagonaal door.
3. Draai één van de driehoeken om.
4-6. Maak de dalvouwen.

7. Maak een spreidvouw (zie vouwsymbolen).
8. Haal het onderste hoekje omhoog.
9. Vouw alle hoeken van de afbeelding op dezelfde wijze.

1.

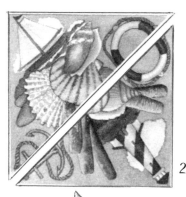

2.

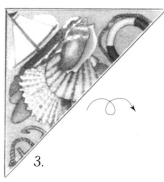

3.

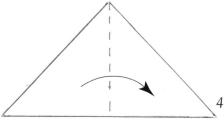

4.

5.

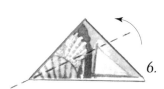

6.

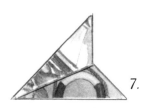

7.

8.

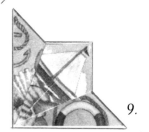

9.

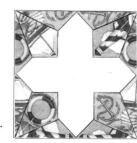

10.

NL Dit vouwschema kan gebruikt worden voor alle plaatjes met mooie hoekmotieven. Ze kunnen zoals hier tegen elkaar gelijmd worden. Lijm er dan eventueel een tekststicker in. Vier van deze elementen kunnen in de hoeken van de kaart gelijmd worden. Je kunt er dan bijvoorbeeld een bijpassend 3D-plaatje midden in lijmen.

GB This folding pattern can be used for all the pictures which have attractive corner patterns. They can be glued together as shown here. If you wish, you can also add a text sticker. Four of these segments can be stuck in the corners of the card. You can then, for example, glue a suitable 3D picture in the middle.

GB 1. Cut the picture out around the patterns (5 x 5 cm).
2. Cut the paper in half diagonally.
3. Turn over one of the triangles.
4-6. Make the valley folds.

7. Make a squash fold (see folding symbols)
8. Lift up the bottom corner.
9. Fold all the corners of the picture in the same way.

Vouwschema 5 / Folding pattern 5

(NL) 1. Snijd de afbeelding uit om de motieven heen: 5 x 5 cm.
2. Draai het blaadje om en maak de dalvouwen.
3. Maak de aangegeven dalvouw.
4. Snijd het onderste deel los en bewaar het voor vouwschema 9.
5/6. Vouw de zijstukken tegen de middenvouw.
7/8. Maak een dalvouw in één van de hoeken. Kijk aan de voorkant welke hoek het best weggevouwen kan worden.
9/10. Lijm acht elementen, elkaar tot de middenvouw overlappend, op een kladblaadje. Om het achtste element vast te lijmen, moet het eerste even opgetild worden.

1.

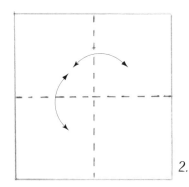

2.

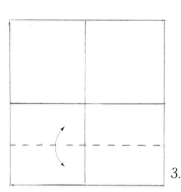

3.

4.

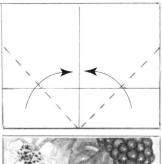

5.

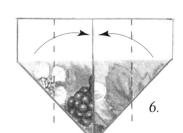

6.

7.

8.

9.

8x

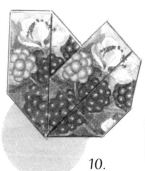

10.

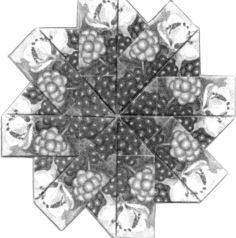

(NL) Je kunt ook acht elementen van stap 7 gebruiken.
(GB) You can also use eight segments from point 7.

(GB) 1. Cut the picture out around the patterns (5 x 5 cm).
2. Turn the paper over and make the valley folds.
3. Make the valley fold shown.
4. Cut the bottom part off and keep it somewhere safe, because you can use it for folding pattern 9.
5/6. Fold the sides against the middle fold.
7/8. Make a valley fold in one of the corners. Look at the front to see which corner is the best one to use.
9/10. Glue eight segments on a piece of scrap paper so that they overlap each other as far as the middle fold. The first segment must be lifted up slightly so that the eighth segment can be glued in place.

Vouwschema 6 / Folding pattern 6

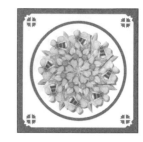

NL Rozet 1

1. Snijd de afbeelding uit om de motieven heen: 5 x 5 cm.
2. Draai het blaadje om en maak de dalvouwen.
3. Snijd het onderste deel weg en bewaar het voor vouwschema 9. Volg voor het bovenste deel stap 5 en 6 van vouwschema 5.

4/5. Vouw beide hoeken om.
6/7. Lijm acht elementen, elkaar tot de middenvouw overlappend, op een kladblaadje. Om het achtste element vast te lijmen, moet het eerste even opgetild worden.

Rozet 2 (9/10)
Volg alle hierboven genoemde stappen, maar vouw in dit geval één hoek weg.

1.

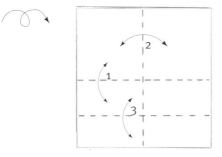

2.

3.

4.

5.

6.

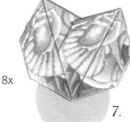

8x

7.

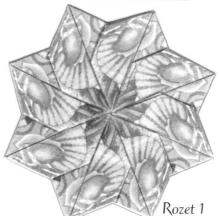

Rozet 1
Rosette 1

NL Het leuke van dit vouwschema is dat van de hoekmotieven bijna niets meer te herkennen is, het lijkt zo een totaal andere afbeelding. Zelfs de beide rozetten zien er anders uit.
Het vouwschema is vooral geschikt voor afbeeldingen met mooie tekeningen in het midden of langs de zijranden.

9.

GB What is so nice about this folding pattern is that the corner patterns are almost no longer recognizable. It seems like a completely different picture. Even both rosettes look different. The folding pattern is particularly suitable for pictures with pretty drawings in the middle or along the sides.

8x

10.

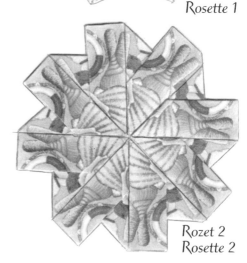

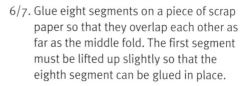

Rozet 2
Rosette 2

GB Rosette 1

1. Cut the picture out around the patterns (5 x 5 cm).
2. Turn the paper over and make the valley folds.
3. Cut the bottom part off and keep it somewhere safe, because you can use it for folding pattern 9. Follow points 5 and 6 of folding pattern 5 for the top part.

4/5. Fold both corners over.

6/7. Glue eight segments on a piece of scrap paper so that they overlap each other as far as the middle fold. The first segment must be lifted up slightly so that the eighth segment can be glued in place.

Rosette 2 (9/10)
Follow all the points given above, except now only fold one corner over.

Vouwschema 7 / Folding pattern 7

NL 1. Snijd de afbeelding uit om de motieven heen: 5 x 5 cm. Snijd daarna volgens het voorbeeld 1 cm van de zijranden. Bewaar de langste strook voor vouwschema 9.
2. Draai het blaadje om en maak de dalvouwen in het blaadje dat nu 4 x 4 cm is.
3. Maak de aangegeven dalvouw.
4. Vouw het onderste deel omhoog.
5. Vouw het linkerdeel langs de vouwnaad omhoog.
6. Vouw de hoek rechtsboven naar achteren (bergvouw).
7-9. Lijm acht elementen, elkaar tot de middenvouw overlappend, op een kladblaadje. Om het achtste element vast te lijmen, moet het eerste even opgetild worden.

 1. 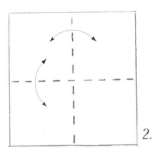 2. 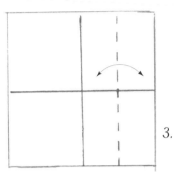 3.

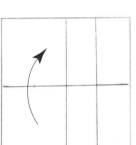 4. 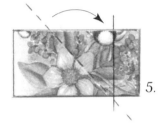 5. 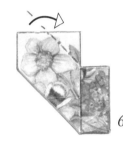 6.  7.

 8. 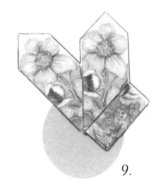 9.

NL Dit vouwschema is heel geschikt in combinatie met de vouwschema's 9 en 10.
GB This folding pattern combines very well with folding patterns 9 and 10.

GB 1. Cut the picture out around the patterns (5 x 5 cm). Next, cut 1 cm off of the sides as shown in the example. Save the longest strip for folding pattern 9.
2. Turn the paper over and make the valley folds in the paper which is now 4 x 4 cm.
3. Make the valley fold shown.
4. Fold the bottom part upwards.
5. Fold the left-hand part upwards along the seam of the fold.
6. Fold the top right-hand corner backwards (mountain fold).
7-9. Glue eight segments on a piece of scrap paper so that they overlap each other as far as the middle fold. The first segment must be lifted up slightly so that the eighth segment can be glued in place.

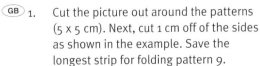

Vouwschema 8 / Folding pattern 8

NL
1. Snijd de afbeelding uit om de motieven heen: 5 x 5 cm. Snijd daarna volgens het voorbeeld 1 cm van de zijranden.
2. Draai het blaadje om en maak de dalvouwen in het blaadje dat nu 4 x 4 cm is.
3. Maak de aangegeven dalvouw.
4. Vouw de zijstukken tegen de middenvouw.

5/6. Maak een dalvouw in één van de hoeken. Kijk aan de voorkant welke hoek het beste weggevouwen kan worden.
7-9. Lijm acht elementen, elkaar tot de middenvouw overlappend, op een kladblaadje. Om het achtste element vast te lijmen, moet het eerste even opgetild worden.

 **1.**

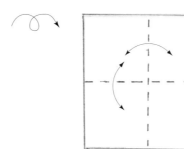 **2.**

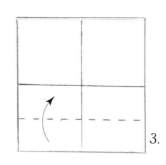 **3.**

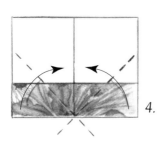 **4.**

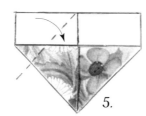 **5.**

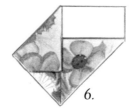 **6.**

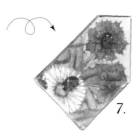 **7.**

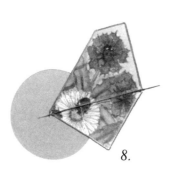 **8.**

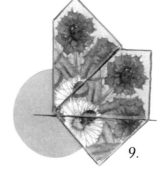 **9.**

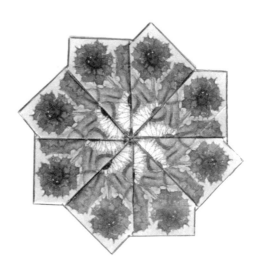

NL Gebruik het vierkante blaadje voor de rozet en de lange strook voor een hoekje (zie vouwschema 9).

GB Use the square sheet of paper for the rosette and the long strip of paper for a corner (see folding pattern 9).

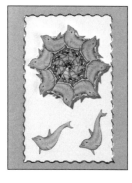

GB
1. Cut the picture out around the patterns (5 x 5 cm). Next, cut 1 cm off of the sides as shown in the Example.
2. Turn the paper over and make the valley folds in the paper which is now 4 x 4 cm.
3. Make the valley fold shown.
4. Fold the sides against the middle fold.

5/6. Make a valley fold in one of the corners. Look at the front to see which corner is the best one to use.
7-9. Glue eight segments on a piece of scrap paper so that they overlap each other as far as the middle fold. The first segment must be lifted up slightly so that the eighth segment can be glued in place.

Vouwschema 9 / Folding pattern 9

NL 1. Snijd van een blaadje van 5 x 5 cm een strook van 1 cm of gebruik stroken van 1 cm breed die overgebleven zijn van de vouwschema's 5, 6, 7 en 8. Als je het resterende blaadje vierkant snijdt, kun je het gebruiken voor één van de andere vouwschema's.

2. Draai de strook om en maak een dalvouw in het midden.

3. Vouw de zijstukken langs de midden-vouw naar beneden.

4/5. Draai het strookje om en maak de dalvouwen.

6. Draai het blaadje om en je ziet het eindresultaat.

7. Lijm bijvoorbeeld twee elementen met de punten tegen elkaar aan of lijm in iedere hoek van de kaart één element.

8. De ster is gemaakt van acht hoekjes van stap 6. Op deze manier kun je alle strookjes gebruiken die bij de andere vouwschema's weggesneden zijn.

9. Snijd een strook van 1 cm breed van twee afbeeldingen van het kaleidoscoopvel.

10. Volg de stappen 1 t/m 6.

10-12. Maak de dalvouwen.

13. Het eindresultaat.

1.

2.

3.

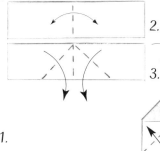

4.

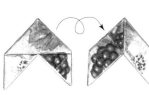

5. 6.

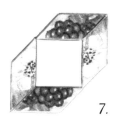

7.

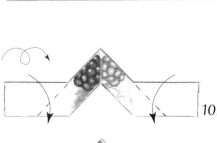

9.

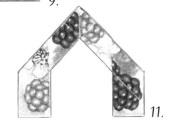

8.

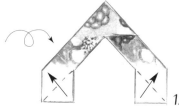

10.

11.

12.

13.

GB 1. Cut a 1 cm wide strip from a sheet of paper (5 x 5 cm) or use 1 cm wide strips which are left over from folding patterns 5, 6, 7 or 8. If you cut the remaining piece of paper into a square, you can use it for one of the other folding patterns.

2. Turn the strip over and make a valley fold in the middle.

3. Fold the sides downwards along the middle fold.

4/5. Turn the strip over and make the valley folds.

6. Turn the paper over and here is your final result.

7. For example, glue down two segments with the points touching each other or glue one segment in each corner of the card.

8. The star is made from eight corners from point 6. You can then use all the strips which were cut off in the other folding patterns.

9. Cut a 1 cm wide strip from two pictures on the kaleidoscope paper.

10. Follow points 1 to 6.

10-12. Make the valley folds.

13. The end result.

Vouwschema 10 / Folding pattern 10

1. Snijd een strook van 1 cm breed van twee afbeeldingen van het kaleidoscoopvel en volg de stappen 1 t/m 6 van vouwschema 9.

2/3. Maak de dal- en bergvouwen.

4. Het eindresultaat. Knip eventueel resterende stukjes papier weg.

5. Dit is de langste zigzagrand die mogelijk is. Snijd hiervoor langs de hele lengte van het kaleidoscoopvel een strook van 1 cm breed en volg het vouwschema.

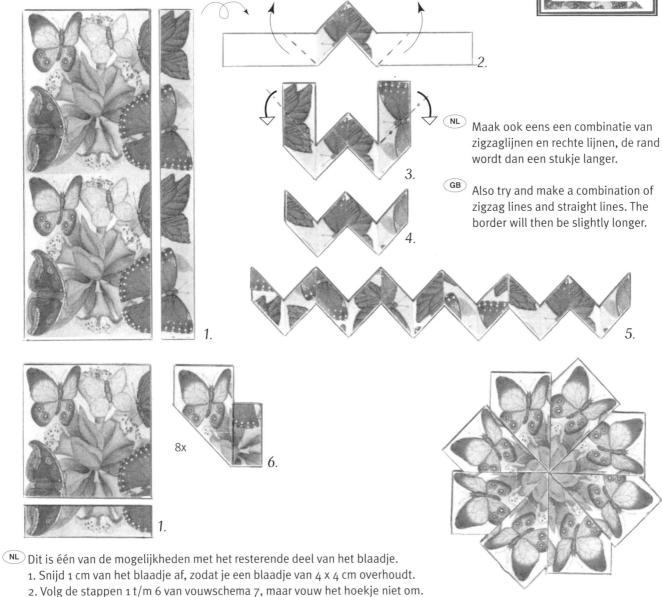

NL Maak ook eens een combinatie van zigzaglijnen en rechte lijnen, de rand wordt dan een stukje langer.

GB Also try and make a combination of zigzag lines and straight lines. The border will then be slightly longer.

NL Dit is één van de mogelijkheden met het resterende deel van het blaadje.

1. Snijd 1 cm van het blaadje af, zodat je een blaadje van 4 x 4 cm overhoudt.
2. Volg de stappen 1 t/m 6 van vouwschema 7, maar vouw het hoekje niet om.

GB This is one of the possibilities using the left over piece of paper.

1. Cut 1 cm off of the paper so that it measures 4 x 4 cm.
2. Follow points 1 to 6 of cutting pattern 7, but do not fold the corners over.

GB 1. Cut a 1 cm wide strip from two pictures on the kaleidoscope paper and follow points 1 to 6 of folding pattern 9.

2/3. Make the valley and mountain folds.

4. The end result. Cut any left over pieces of paper away.

5. This is the longest possible zigzag border. To make this, cut a 1 cm wide strip along the entire length of the kaleidoscope paper and follow the folding pattern.

Knipschema 1 / Cutting pattern 1

Knipschema 2 / Cutting pattern 2

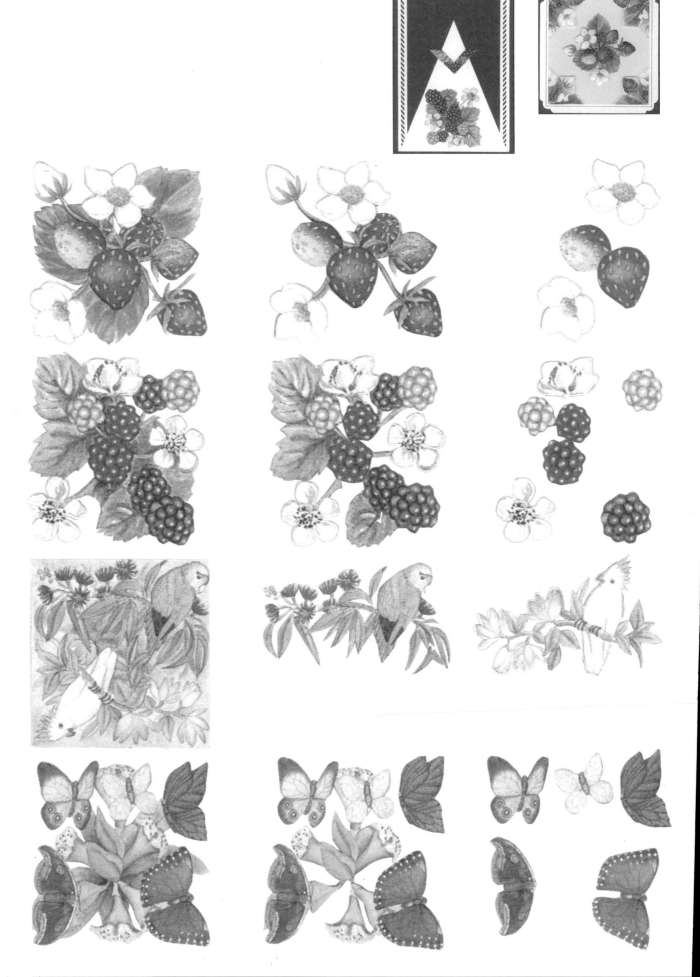